J.-B.-JOSEPH PARTIOT

1780-1867

JEAN-BAPTISTE-JOSEPH PARTIOT

1780-1867

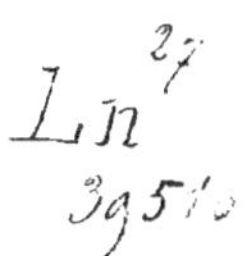

Il est du devoir et de l'intérêt des familles de
conserver la mémoire de ceux de leurs mem-
bres qui se sont distingués par leurs mérites.
Les exemples et les souvenirs qu'ils ont laissés
sont la part la plus précieuse de leur héritage
et contribuent à édifier l'honneur du nom. Ils
suscitent des descendants capables d'être, à leur
tour, utiles à leur pays.

M. Partiot, ingénieur en chef directeur des
ponts et chaussées, a conquis une position su-
périeure à celle que la Révolution de 1789 lui
avait fait perdre; il a relevé sa famille, rendu
des services distingués comme ingénieur de
l'État et laissé le souvenir d'une vie toute

de dévouement, de piété et d'honneur. Il appartenait à ses enfants d'en perpétuer le souvenir, et c'est dans ce but qu'ils ont rédigé cet écrit.

J.-B.-J. PARTIOT.

JEAN-BAPTISTE-JOSEPH PARTIOT

INGÉNIEUR EN CHEF

DIRECTEUR DES PONTS ET CHAUSSÉES

(1780-1867)

Jean-Baptiste-Joseph Partiot naquit à Beauvais, le 22 septembre 1780, d'une famille de propriétaires et négociants de cette ville. Son père lui destinait, auprès de lui, une étude de notaire.

Pendant la Terreur, ses parents cachèrent chez eux durant un mois, au péril de leur vie, un abbé poursuivi par les fureurs révolutionnaires, et le firent évader. Ce digne prêtre donna à leurs enfants une solide instruction religieuse et leur fit faire leur première communion.

Des faits tragiques causés par les événements de cette époque et l'improbité d'un notaire qui remboursa en assignats une grosse somme reçue en argent amenèrent, peu après, la mort du père de Partiot et la ruine totale de sa famille. Mme Partiot mit son fils à l'École des frères de sa paroisse. L'évêque de Beauvais disposait alors d'une bourse au collège Louis-le-Grand, à Paris, et la donnait au meilleur élève de son École de frères. Partiot l'obtint, compléta ses études dans l'un des établissements les plus renommés de la capitale et fut reçu en 1799 à l'École Polytechnique.

A cette époque, les élèves n'étaient pas casernés et recevaient 600 francs d'appointements par an. Partiot envoyait l'intégralité de ses émoluments à sa mère, donnant, pour vivre, des répétitions de mathématiques pendant les heures dont il pouvait disposer. Cette vie de privations lui causa une maladie de poitrine grave, dont il fut guéri par le docteur Corvisart.

En 1802, il sortit de l'École Polytechnique comme élève ingénieur des ponts et chaussées ; il fut envoyé en cette qualité, en 1804, à Boulogne-sur-Mer, avec son camarade de Lamblardie, et attaché aux travaux maritimes que l'empereur y faisait exécuter pour préparer une descente en Angleterre. Deux frégates anglaises vinrent canonner le port ; une batterie voisine de l'entrée était momentanément fermée et abandonnée par les artilleurs ; Partiot fut chargé de prendre des ouvriers et de répondre, comme il le pourrait, au feu de l'ennemi. Notre ingénieur s'acquitta de sa tâche avec bonheur; un de ses boulets prit une des frégates à l'enfilade au moment où elle virait de bord, tua onze hommes et détermina les Anglais à la retraite. L'empereur était présent.

Nommé aspirant-ingénieur en 1805, Partiot fut attaché aux travaux du port de Nice et de la route de Nice à Gênes par la Corniche. En janvier 1806, il fut chargé, comme ingénieur ordinaire de 2me classe, d'un service de routes à Poligny, puis envoyé, en 1808, en Italie où il fut mis à la disposition du général Fontanelli, ministre de la guerre du Royaume. Après avoir coopéré pendant un an aux travaux de l'Arsenal de Venise, il fut chargé du port d'Ancône et fit exécuter le prolongement du môle, travail nécessaire pour abriter les grands navires. Le premier vaisseau de guerre français qui profita de ce travail fut la frégate que le gouvernement envoya en 1832 pour s'emparer de la ville.

Les événements politiques de 1814 ayant forcé d'abandonner Ancône, Partiot fut adjoint, comme ayant le grade de capitaine, à l'état-major du prince Eugène à Mantoue, et c'est en cette qualité qu'il opéra sa retraite en France avec l'armée.

Placé d'abord comme ingénieur ordinaire à Figeac, il fut mis, le 22 septembre 1814, à la disposition du ministre de la Marine et envoyé à l'île Bourbon, avec le grade d'ingénieur en chef de 2me classe à dater du jour de son arrivée dans cette colonie.

Le retour de l'empereur de l'île d'Elbe et le renouvellement de la guerre avec les Anglais trouvèrent Partiot dans cette position. Il y exerçait, en sa qualité d'ingénieur en chef, le commandement des quelques troupes qui étaient dans l'île. Une frégate anglaise était en rade de Bourbon, et l'île de France venait d'être remise aux Anglais. Le gouverneur de Bourbon pour le Roi, qui avait été compromis jadis dans une conspiration contre la vie de l'empereur, voulut agir comme les autorités de l'île de France et réunit à cet effet le conseil colonial. Partiot, qui prit le premier la parole comme étant le plus jeune du conseil, s'opposa vivement à ce que l'île fut livrée aux Anglais, et la discussion entre le gouverneur et lui prit une tournure telle qu'ils mirent la main aux épées ; il fallut séparer les adversaires, et le projet de remettre l'île fut abandonné. Quelque temps après, la guerre étant déclarée, Partiot préparait les moyens de s'emparer de la frégate anglaise et de faire une descente à l'île de France, quand la nouvelle de la bataille de Waterloo et de la chute de l'empire parvint à Bourbon. Le gouverneur de l'île suspendit immédiatement Partiot de ses fonctions et le priva de son traitement. Cette décision ne fut pas confirmée par le ministre, qui réintégra l'ingénieur en chef dans son service et lui fit payer ses appointements arriérés ; mais il décida en même temps que les ingénieurs des ponts et chaussées ne seraient plus chargés de fonctions militaires à Bourbon.

Ce temps de suspension des services de l'État fut mis à profit par Partiot pour le bien de la colonie et pour ses propres intérêts : il avait remarqué que les sirops, résidus des sucreries, étaient généralement perdus à Bourbon ; il s'associa à un colon de ses amis, M. Chabrié, et construisit la première distillerie sérieuse de rhum qui ait été établie dans l'île. Rendu à ses fonctions publiques, il céda sur-le-champ sa part dans l'usine déjà prospère à son associé, qui édifia sur cette première base une fortune brillante.

Pendant son séjour à Bourbon, Partiot fit exécuter, entre autres travaux, un port de barques avec un barrachois pour les débarquements, et soumit au gouvernement le projet d'un grand port.

Il revint en France en 1820. Le ministre de la marine, M. le baron Portal, demanda pour lui, dès cette époque, en raison de ses excellents services, la décoration de la Légion d'Honneur qu'il ne reçut qu'en 1829.

Le 6 décembre 1820, Partiot fut nommé ingénieur en chef de Lot-et-Garonne. Il y fit construire le pont-route d'Agen sur la Garonne et le pont d'Aiguillon sur le Lot. Le pont d'Agen, avec parapets en encorbellement et dont les voûtes étaient composées de petits matériaux compris entre des chaînes de pierre de taille, offrait des difficultés spéciales et un système de construction encore nouveau. Partiot se chargea particulièrement de ce grand ouvrage, en laissant l'ingénieur ordinaire, M. Bourousse de Lafore, porter tous ses soins sur la surveillance de l'exécution du pont d'Aiguillon. Une crue exceptionnelle de la Garonne, qui survint au moment où l'on venait de claver la dernière arche du pont d'Agen, ne put endommager cette œuvre.

Pendant son séjour à Agen, Partiot devint ingénieur en chef de 1re classe. Il épousa, le 1er juillet 1824, Mlle Clémence Gamot, fille d'un préfet de l'Empire, nièce du maréchal Ney, et petite-nièce et héritière de Mme Campan.

Le 30 août 1827, Partiot fut chargé du service du département de la Gironde; il y reçut la décoration de chevalier de la Légion d'honneur, le 23 octobre 1829, et l'année suivante, le 1ᵉʳ novembre 1830, il fut nommé ingénieur en chef directeur du service du pavé et des boulevards de Paris.

Il trouva les rues de Paris dans l'état où elles étaient depuis un temps immémorial. Les ruisseaux coulaient au milieu de la voie qu'on appelait « en chaussée fendue, » et de loin en loin une large ouverture, fermée par une grille capable de supporter les charrettes mais laissant échapper des odeurs infectes, permettait aux eaux de pénétrer directement dans l'égout. Il n'y avait pas de trottoirs; les maisons n'étaient protégées que par des bornes, derrière lesquelles les passants se réfugiaient pour éviter d'être écrasés; d'innombrables rigoles coupaient les voies publiques entre les bâtiments et le ruisseau central, formant des cassis qui mettaient à une rude épreuve les ressorts des voitures. Partiot, appuyé par M. Legrand, directeur général des ponts et chaussées et des mines, et M. de Rambuteau, préfet de la Seine, entreprit une réforme complète de cette viabilité. Il ne tarda pas à inaugurer des chaussées bombées, avec trottoirs latéraux et ruisseaux contre les trottoirs, ou même sous les trottoirs, s'écoulant par des bouches d'égout fréquentes et couvertes, évitant ainsi les inondations, les cassis et les gaz méphitiques qui se répandaient à travers les anciennes grilles; c'est le système qui existe aujourd'hui à Paris, et qui a été imité, depuis 1832, dans le monde entier. Sous le patronnage de Partiot, l'asphalte fut introduite dans la construction des trottoirs et le pavage de la ville notablement amélioré. Les pentes des rues et boulevards furent régularisées et adoucies, notamment celles du boulevard Bonne-Nouvelle qui fut abaissé comme on le voit aujourd'hui; les places furent remaniées, celle de la Concorde reçut le relief qu'elle présente de nos jours, et Partiot entreprit la plantation des quais de la Seine sur la plus grande partie de leur longueur. L'on peut dire que la voirie de l'ancien Paris fut transformée, et que Partiot y introduisit le système dont nous jouissons actuellement, et grâce auquel il a été plus tard possible, à M. le baron Haussmann et à M. Alphand, de réaliser les merveilles que présente, sous ce rapport, la capitale de la France.

C'est à cette même époque, de 1830 à 1840,

que se rattachent les beaux travaux faits par
M. Emmery pour les égouts et les eaux de Paris.

La santé de Partiot, cependant vigoureuse,
s'épuisait sous de pareils labeurs. M. Legrand
voulut l'élever au grade d'inspecteur divisionnaire,
mais un climat plus doux que celui du nord de la
France lui était devenu nécessaire; d'un autre
côté, Mme Partiot était souffrante. Partiot refusa
donc l'avancement qui lui était offert; il demanda
et obtint, en 1839, le poste d'ingénieur en chef de
la Haute-Garonne. Peu après son départ de Paris,
une croix d'officier de la Légion d'honneur fut mise
à la disposition du ministre des travaux publics,
qui consulta le Conseil général des ponts et chaussées sur le choix à faire pour cette distinction :
le Conseil désigna Partiot, qui fut nommé le
9 mai 1839.

Le 22 février 1848, il reçut de nouveau le titre
d'ingénieur en chef directeur; mais, le 24 mars
suivant, une décision du gouvernement provisoire
au sujet de la limite d'âge le mettait à la retraite :
c'est quatre mois après qu'il perdit Mme Partiot,
l'éminente compagne de sa vie, atteinte d'une
longue et cruelle maladie à la suite d'une chute
faite dans les Pyrénées.

A cette époque, des complications s'étaient produites dans l'administration municipale de la ville de Toulouse ; le gouvernement dut y pourvoir, et Partiot, ainsi que deux citoyens notables de la cité, MM. Roland et Broustet, furent chargés de l'édilité. La tâche assez longue de cette Commission terminée, Partiot fut élu membre du Conseil municipal de Toulouse, et remplit les fonctions d'adjoint jusqu'en 1852. En 1853, il quitta cette ville pour aller vivre à Bordeaux avec sa fille et son gendre, M. Harlé, ingénieur des ponts et chaussées, chargé de l'entretien du canal latéral à la Garonne et plus tard directeur des travaux de la Compagnie des chemins de fer du Midi.

Dans sa retraite, Partiot se livrait à des études et des méditations d'un genre plus élevé, préparant son âme avec sérénité à l'existence éternelle que son cœur et sa raison lui faisaient entrevoir. Il mourut en léguant à ses enfants une fortune fort modeste, mais de nobles exemples à suivre et un nom qu'il avait élevé par son travail et son honorabilité.

Outre sa fille, il laissait deux fils : l'aîné, M. Léon Partiot, ayant suivi la carrière paternelle, est arrivé au grade d'inspecteur général des ponts et chaussées ; le second, entré au service des relations extérieures, est devenu ministre de France à l'étranger.

Partiot réunissait aux talents d'un ingénieur distingué, le mérite d'une âme profondément chrétienne. Il appliquait ses croyances à tous les actes de sa vie. Sa simplicité extrême, sa bonté, sa charité, l'aménité de son caractère le faisaient aimer de tous, et c'est avec les espérances de sa foi que cet homme de bien mourut le 11 août 1867.

Paris, le 1er juillet 1890.

Paris. — Typ. G. Chamerot. — 26357.